SOCIÉTÉ DES AGRICULTEURS DE FRANCE

IMPOT FONCIER DES PROPRIÉTÉS BATIES

Revision décennale des évaluations

INSTRUCTIONS AUX CONTRIBUABLES

Prix : 10 centimes.

PARIS

SOCIÉTÉ DES AGRICULTEURS DE FRANCE
8, RUE D'ATHÈNES, 8

1899

PRIX DE FAVEUR

POUR LES SOCIÉTÉS, COMICES ET SYNDICATS AGRICOLES

Un exemplaire...................	0 fr.	10
Dix exemplaires..................	0	90
Cent exemplaires.................	8	50
Mille exemplaires................	75	»

SOCIÉTÉ DES AGRICULTEURS DE FRANCE

IMPOT FONCIER DES PROPRIÉTÉS BATIES

Revision décennale des évaluations

INSTRUCTIONS AUX CONTRIBUABLES

Prix : 10 centimes.

PARIS

SOCIÉTÉ DES AGRICULTEURS DE FRANCE

8, RUE D'ATHÈNES, 8

1899

Ces instructions, rédigées par M. DE CROISSY, ancien
sous-préfet, ont été délibérées par la Section d'Éco-
nomie et de Législation rurales, et approuvées par le
Conseil de la Société des Agriculteurs de France.

———

Le service du Contentieux des Contributions directes,
institué au siège de la Société, sous la présidence de
M. le comte DE LUÇAY, président de la IXe Section, est
à la disposition de tous les membres de la Société, pour
les indications et les renseignements qui leur seraient
nécessaires.

Adresser les lettres à M. DE CROISSY, rapporteur,
ou à M. L. LESORT, secrétaire, 8, rue d'Athènes.

———

TABLE

Annexes.

REVISION DÉCENNALE DES ÉVALUATIONS

INSTRUCTIONS AUX CONTRIBUABLES

Aux termes de l'article 8 de la loi du 8 août 1890, les évaluations, servant de base à la contribution foncière des propriétés bâties, seront revisées tous les dix ans.

Appliquées depuis le 1er janvier 1891, les évaluations, actuellement en vigueur, doivent donc être soumises à la revision avant la publication des rôles de l'année 1901.

Le Gouvernement, en prévision de ce travail, s'est déjà pourvu des moyens financiers de l'accomplir. Il l'a fait sans bruit, on peut même dire par surprise. Le chapitre 72 du projet de Budget du Ministère des finances de 1899 prévoyait un crédit de 700.000 fr. pour les dépenses relatives à l'évaluation du revenu net des propriétés non bâties. Dans sa séance du 24 mai dernier, le Sénat, sur la demande du Gouvernement a scindé ce crédit et consenti à en affecter les 6/7 au travail de revision des évaluations de la propriété bâtie.

Cette modification, malgré son importance, a passé inaperçue à la Chambre, et l'Administration va, comme l'a annoncé le Ministre des Finances, se mettre à l'œuvre dès le mois d'août prochain.

Comment procédera-t-elle?

Evidemment comme elle l'a déjà fait de 1887 à 1889 en vertu de l'article 34 de la loi du 8 août 1885, en dehors de toute intervention des conseils géné-

Crédit ouvert pour la revision décenrale des évaluations.

Exclusion des répartiteurs.

raux, d'arrondissement, municipaux et même des répartiteurs.

Comment va procéder l'Administration. — Exclusion des représentants des contribuables.

L'Administration avait bien, en 1887, recommandé à ses agents de procéder avec le concours des répartiteurs ; cette recommandation était à peu près restée lettre morte, et le Conseil d'Etat a même décidé par de nombreux arrêts que l'intervention des répartiteurs n'était imposée par aucune loi ni règlement depuis la loi du 8 août 1890. Dans la séance du 3 juillet 1899, le Ministre des Finances a renouvelé la promesse de 1887, en déclarant qu'il donnerait des instructions pour que le travail soit opéré avec la participation du Maire et des répartiteurs. Espérons qu'il sera mieux écouté que son prédécesseur de 1887.

Cependant la jurisprudence du Conseil d'Etat, toute regrettable qu'elle soit, est, il faut le reconnaître, conforme à l'esprit et au texte de la loi.

La loi du 8 août 1890 a, en effet, rompu le lien de solidarité qui existait entre tous les contribuables et supprimé les garanties dont ils jouissaient jusqu'alors, en transformant la contribution foncière de la propriété bâtie d'impôt de répartition en impôt de quotité.

Différence entre l'impôt de répartition et l'impôt de quotité.

La différence entre ces deux modalités de l'impôt est considérable.

L'impôt de répartition est celui, dont le contingent, fixé à l'avance, est réparti de degré en degré, entre les départements, les arrondissements, les communes et les contribuables sans que ceux-ci puissent se plaindre, leurs intérêts collectifs étant garantis par l'intervention à chaque degré de répartition de leurs mandataires élus.

L'impôt de quotité, au contraire, n'a pas de *quantum* déterminé à l'avance, il est assis isolément sur chaque contribuable, d'après un taux appliqué directement par le fisc à des évaluations faites par lui seul.

L'application du système de la quotité aux évaluations effectuées de 1887 à 1889 n'a abouti, malgré les promesses contraires des Pouvoirs publics, qu'à une augmentation de plus de 14 millions de la contribution et à de graves et flagrantes inégalités entre les contribuables.

Résultats de l'application de la quotité aux évaluations de 1887-1889.

Il importe d'autant plus que de semblables inégalités ne se reproduisent pas dans le travail de revision décennale des évaluations de la propriété bâtie qu'on va entreprendre, qu'en réalité, les vraies, les seules victimes de ces inégalités ont été les six millions de propriétaires des maisons dont la valeur locative est inférieure à 100 francs, c'est-à-dire la partie la plus intéressante de la population.

Nécessité de prévenir de nouvelles illégalités.

La Société des Agriculteurs de France, fidèle gardienne des droits de ses commettants, vient d'adresser au Gouvernement un vœu pour réclamer le retour au régime de la répartition, et r vendiquer au moins le contrôle des évaluations nouvelles par les conseils généraux, d'arrondissement et municipaux, de même que l'intervention obligatoire des répartiteurs, seuls moyens de signaler les abus et d'obliger l'Administration à tenir compte des facultés contributives de chaque région.

Vœu de la Société des Agriculteurs de France.

Mais cet appel peut ne pas être entendu, et, malgré des vœux concordants des assemblées départementales, l'Administration peut passer outre et faire encore procéder à la revision décennale

Nécessité pour le contribuable d'agir par lui-même.

des évaluations par ses seuls agents; il importe donc que les contribuables, privés de leurs défenseurs naturels, aient en mains le moyen de se défendre individuellement contre l'arbitraire du fisc.

But de cette brochure. Cette brochure a pour but de mettre à la portée de tous les contribuables, surtout des petits, les moyens légaux et pratiques de faire valoir leurs droits et de faire respecter, en ce qui les concerne, le principe de l'**égalité** et de la **proportionnalité** de l'impôt qui domine toujours notre législation fiscale.

Assiette légale de la contribution foncière de la propriété bâtie Il résulte de la combinaison des articles 4, 5 et 6 de la loi du 8 août 1890, qu'à l'avenir le principal de la contribution foncière sera réglé par l'application d'un taux uniforme, lequel est demeuré fixé à 3,20 0/0 depuis 1891, aux valeurs locatives de cette nature de propriétés telles qu'elles ressortent des évaluations faites en exécution de l'article 34 de la loi du 8 août 1885, sous déduction d'un quart pour les maisons, d'un tiers pour les usines, en considération du dépérissement et des frais d'entretien et de réparation.

Intérêt du contribuable à éviter les exagérations d'évaluation. Le taux, véritable coefficient de l'impôt, peut varier; le législateur n'a pris aucun engagement en ce qui le concerne. Rien n'empêche de l'augmenter, si le besoin s'en fait sentir les années suivantes. Les évaluations seules sont immuables pour dix ans.

Il importe donc, au moment où comme maintenant on va procéder à leur revision, que chaque contribuable tienne la main à ce que les évaluations qui le concernent soient arrêtées conformément à la loi dans le sens de la proportionnalité. LA VALEUR QUI DOIT ÊTRE PRISE COMME BASE N'EST PLUS LE REVENU NET MOYEN DES DIX DERNIÈRES ANNÉES MAIS LA VALEUR LOCATIVE NORMALE A L'EXCLUSION DES VALEURS LOCATIVES ACCIDENTELLES OU PASSAGÈRES. (Déclaration du Ministre des Finances. Séance du 3 juillet 1899).

Pour cela le contribuable doit agir à deux époques distinctes.

D'abord d'une *manière préventive*, au moment où le contrôleur passe dans la commune pour faire le travail de revision.

Double action du contribuable.

Et plus tard, après la publication des rôles d'une *manière défensive*, pour obtenir par voie d₃ réclamation la rectification des erreurs ou inégalités commises à son préjudice.

On saurait d'autant moins contester à un propriétaire de maison le droit d'intervenir personnellement et directement au moment où l'on évalue son ou ses immeubles que ce droit d'intervention est formellement réservé aux intéressés et à leurs mandataires élus, par le projet de loi actuellement en discussion devant le parlement relatif aux nouvelles évaluations foncières d₃ la propriété non bâtie.

Action préventive.

Il est indispensable que chaque propriétaire fournisse au contrôleur, lors de sa tournée d'évaluation, tous les renseignements et documents de nature à lui permettre de se rendre exactement compte des éléments de cotisation de son immeuble; *car c'est cette époque même qui,* conformément à la jurisprudence du Conseil d'Etat, *a é'é adoptée comme point de départ* de la fixité *des évaluations.* (A. C. d'Et. 15 dёc. 1893. Devau et 16 mars 1891. Dav. de Villiers).

En tout état de cause, il est bon que le contribuable puisse justifier de la démarche faite par lui pour éclairer le contrôleur ; mais, c'est surtout indispensable quand, à défaut d'actes, de baux etc., la valeur locative doit être déterminée par voie d'appréciation.

Parties d'immeubles qui ne doivent pas entrer dans l'évaluation de la valeur locative de la propriété bâtie. C'est alors aussi qu'on doit signaler les parties d'immeubles tels que jardins, parcs, étables, bâtiments ruraux qui ne doivent pas être compris dans l'évaluation devant servir de base à l'assiette de la contribution foncière bâtie.

Pour les jardins ils ne forment un des éléments de la taxe que lorsqu'ils servent d'accès nécessaire à la maison imposable; sauf ce cas, ils doivent être imposés comme propriété non bâtie.

En ce qui concerne les étables et bâtiments ruraux, il importe de ne pas perdre de vue que, d'après le paragraphe 2 de l'article 5 de la loi du 8 août 1890, le bénéfice des dispositions de l'article 85 de la loi du 3 frimaire an XII est étendu aux bâtiments qui servent à loger indépendamment des bestiaux de ferme et de métairies, les gardiens de ces bestiaux.

Le mot bestiaux doit toujours être interprété dans son acception la plus large et comprendre toutes les bêtes de somme ou de trait employées pour le service de l'agriculture. (Circul. 27 janvier 1891.)

Un bâtiment, destiné à loger les bestiaux d'une ferme ou d'une métairie et dans lequel couche également le gardien de ces bestiaux, ne perd pas par ce seul fait son caractère de bâtiment rural. Sa valeur locative ne doit donc pas entrer dans l'évaluation de la valeur imposable.

Au contraire, d'après la jurisprudence du Conseil d'Etat, on doit faire entrer en ligne de compte dans le calcul de cette valeur la taxe des portes et fenêtres.

C'est aussi au moment de l'évaluation qu'on doit rappeler au contrôleur les constructions neuves, reconstructions ou additions de contructions qui, conformément à l'article 9, lorsqu'elles ont été régulièrement déclarées, ne doivent être soumises à la taxe que la troisième année après leur achèvement et qu'à leur égard on doit, en application du principe de l'égalité proportionnelle devant l'impôt, procéder par voie de comparaison avec les autres propriétés bâties de la commune, où elles sont situées. *Exemptions à faire valoir.*

On doit au même moment signaler au contrôleur : d'une part, les portions d'immeubles bénéficiant de l'exemption prévue au paragraphe 2, de l'article 5 de la loi du 8 août 1890 ; de l'autre, les démolitions totales ou partielles susceptibles de donner lieu à une suppression ou à une réduction de taxe.

Ces précautions prises en temps utile, le contribuable n'a plus qu'à attendre la publication du rôle.

Aussitôt sa feuille d'avertissement reçue, chaque contribuable a le devoir strict de voir si le contrôleur a tenu compte des observations présentées par lui et de vérifier soigneusement ses éléments de cotisation. *Action défensive du contribuable.* *Examen de la feuille d'avertissement.*

Pour bien se rendre compte de l'évaluation faite par le contrôleur, le contribuable, en raison même des déductions opérées conformément au dernier paragraphe de l'article 5 de la loi du 8 août 1890, *Calcul du revenu imposable.*

doit majorer d'un tiers pour les maisons, et de moitié pour les usines, le chiffre de la valeur locative portée sur l'avertissement.

Ainsi, le revenu net imposable d'un immeuble étant de 750 francs, il faut y ajouter si c'est une maison le 1/3, soit 250 francs, ou si c'est une usine la moitié ou 325 francs pour retrouver le chiffre brut de la valeur locative réelle sur lequel il y aura à discuter pour établir l'exagération de l'évaluation.

Nécessité de réclamer.

Pour peu qu'au cours de cet examen, le contribuable reconnaisse que la valeur locative attribuée à son immeuble est exagérée, il doit réclamer alors même qu'il profiterait d'une diminution assez sensible d'impôts, car il ne saurait perdre de vue que cette réduction a un caractère absolument précaire, que le taux de 3.20 0/0 ne s'applique qu'à l'exercice courant, qu'il est susceptible de varier suivant les nécessités budgétaires d'un exercice à un autre. Ce taux pourra ultérieurement être porté de 4 à 5 0/0, peut-être même au-delà et alors, comme la valeur locative restera la même, au lieu de la diminution actuelle qu'il pourrait croire acquise, le contribuable subirait une augmentation hors de proportion avec la part contributive qu'il devait normalement supporter dans les charges publiques.

Il est d'autant plus indispensable de réclamer que les évaluations révisées cette année pourront, dans un délai, plus ou moins prochain, servir aussi au calcul de la contribution mobilière, du droit proportionnel de la contribution des portes et fenêtres, sans parler de la réaction qu'elles sont nécessairement appelées à exercer sur le droit proportionnel des patentes.

Réclamer est donc un devoir pour le contribuable. IL DOIT FORMER SES RÉCLAMATIONS DANS LE DÉLAI DE SIX MOIS DE LA PUBLICATION DES RÔLES, imparti par l'article 7 de la loi du 8 août 1890. Il ne faut pas qu'il ajourne ses réclamations à l'année suivante, en disant qu'en vertu dudit article il aura encore trois mois pour réclamer après la publication des rôle de cette seconde année. Non, il importe que la réclamation soit faite dès la première année de la révision.

La réclamation doit être immédiate.—Délai pour la forme.

Tout contribuable, qui se croira surtaxé en raison des évaluations nouvelles, doit, conformément à l'article 28 de la loi du 21 avril 1832, adresser au préfet ou au sous-préfet, *dans les six* de la publication du 1er rôle celui de 1901, *ou* dans les *trois mois de la publication du* second *rôle* celui de 1902, une demande en décharge ou en réduction, en y joignant sa feuille d'avertissement ou, s'il ne l'a plus, un extrait des rôles, qu'il est en droit de réclamer au percepteur moyennant le payement de 25 centimes. Le contribuable se fera délivrer un reçu de la demande.

Forme des réclamations.
1° *Réclamation par requête.*

L'article 12 de la loi du 6 Décembre 1897 modifiant l'article 28 § 1er de la loi du 28 avril 1832, n'exige plus la production de la quittance des termes échus.

En raison du caractère essentiellement contentieux du litige, il est bon de formuler, dans le corps même de la requête, une demande d'expertise.

Les réclamations doivent être formées sur papier timbré, lorsqu'elles portent sur une cote de 30 francs et au-dessus. Si la cote est inférieure à

30 francs, la réclamation n'est pas assujettie au timbre.

L'article 42 de la loi de finances de 1897 assure le remboursement des droits de timbre dans le cas où la réclamation est fondée.

2° *Déclaration à la mairie.*

Indépendamment de ce mode de réclamation, qui est la voie normale, la plus sûre à suivre, les contribuables peuvent aussi réclamer par voie de simples déclarations consignées sur le registre tenu à la mairie en exécution de l'article 2 de la loi du 21 juillet 1887. (Voir page 38.)

Mais la déclaration devant être faite dans le mois de la publication des rôles, il ne sera pas toujours possible d'y recourir actuellement et, d'ailleurs, le caractère contentieux du litige ne permettrait pas le plus souvent de faire statuer dans cette forme sommaire. On ne saurait donc trop recommander aux contribuables de réclamer immédiatement par voie de requête:

Ce que doit contenir une réclamation.

On trouvera aux annexes deux modèles différents, suivant que le contribuable voudra de suite développer les faits et moyens de nature à infirmer les évaluations, ou attendre pour le faire le cours de l'instruction.

Moyens de contester les évaluations. — Actes.

Quand la propriété, sur laquelle portera le litige, aura été l'objet d'*un bail récent ou en cours, ou d'un acte de vente, de partage ou autre permettant de déduire clairement la valeur locative*, il sera toujours facile de contester, preuves en mains, les évaluations du contrôleur.

Types et points de comparaison.

La critique deviendra plus délicate pour les propriétés évaluées par voie de comparaison, ce qui se présentera fréquemment pour les usines, maisons de ferme et maisons exceptionnelles; il conviendra avant tout, comme le dit la circulaire du 27 janvier 1891, de se reporter au tableau des types et d'examiner si les immeubles, qui ont servi de base à l'évaluation de la propriété en cause, ont été convenablement choisis et régulièrement estimés.

Ces types ne sont pas déposés dans les mairies, et par suite les contribuables ne peuvent en réclamer communication comme des autres documents municipaux, mais l'agent chargé de l'instruction des réclamations devra être muni de ces tableaux, pour les communiquer aux maires et aux répartiteurs ainsi que tous les éléments d'appréciation qui leur permettront d'asseoir un jugement motivé. Le plus souvent les contribuables pourront obtenir la communication des types au moment de la tournée de vérification des contrôleurs, car la circulaire du 27 janvier 1891 recommande à ces derniers de fournir toutes les explications qui seraient réclamées. Mais, en tous cas, l'indication et la définition des types devraient être consignées dans les avis des répartiteurs, du contrôleur et du directeur, qui sont communiqués au réclamant lors du dépôt du dossier à la sous-préfecture ou à la préfecture. *(Communication des types.)*

Le contribuable pourra ainsi contester le classement de son immeuble dans ce type, en prenant comme point de comparaison des immeubles, dont le prix de location est connu et dont quelques-uns, pour des raisons spéciales, auraient reçu une évaluation inférieure. La matrice cadastrale, corrigée avec les évaluations nouvelles, fournira des indications utiles pour le choix des points de comparaison *(Détermination des points de comparaison.)*

des immeubles, dont le prix de location ne serait pas connu. Et, en outre, on peut toujours réclamer la délivrance des extraits de rôle relatifs aux immeubles pris comme points de comparaison en payant la redevance de 25 centimes par extrait (1). Comme il s'agit maintenant d'un impôt de quotité, on n'est plus limité à la commune pour le choix des points de comparaison; l'égalité proportionnelle devant l'impôt s'étend aujourd'hui à toute la France : on peut donc, du moment qu'il s'agit d'immeubles bien similaires, prendre ses points de comparaison en dehors de la commune, même en dehors du département, lorsque cette comparaison semblera pouvoir être utilement invoquée.

Sur quoi doivent porter les comparaisons. Dans tous les cas, les comparaisons devront porter sur la valeur locative même, et non sur le revenu net tel qu'il est porté à l'avertissement, c'est-à-dire sur ce revenu net augmenté d'un tiers ou de moitié, suivant qu'il s'agit de maisons ou d'usines. C'est la valeur locative seule qui a été déterminée en vertu de l'article 34 de la loi du 7 août 1885, et le rôle du répartiteur et du contrôleur dans l'instruction des réclamations doit consister à examiner si cette valeur locative a été régulièrement appréciée. Ils devraient donc *a fortiori* ne pas maintenir les évaluations à l'égard desquelles, comme

(1) La circulaire de la comptabilité publique, en date du 30 septembre 1887, a, en effet, interprété l'article 60 de l'instruction générale des finances du 20 juin 1859, relatif à la délivrance des extraits de rôles, dans le sens le plus large, en décidant que la délivrance des extraits devait être faite non seulement au propriétaire imposé, mais à toute personne portée aux rôles, qui demanderait des extraits, même ne concernant pas ses propres contributions.

cela a eu lieu dans certains cas, on aurait pris pour base *la valeur vénale*.

Que le contribuable invoque à l'appui de sa réclamation un bail ou un acte quelconque, ou des points de comparaison, il est toujours fondé, lorsqu'il a lieu de considérer que des objets étrangers à la propriété bâtie, tels que terres, jardins, parcs, étables, bâtiments ruraux, etc. (voir ce qui a été dit p. 6), ont été compris dans l'évaluation, à demander qu'il soit procédé à la ventilation du prix du bail ou de l'évaluation, pour que sa valeur locative soit diminuée d'une valeur correspondante à celle desdits objets.

Ventilation des objets indûment compris dans les évaluations.

Aux termes de la circulaire du 27 janvier 1891, la vérification des réclamations présentées contre les évaluations pourra être effectuée dans les villes importantes, au fur et à mesure de leur réception.

Époque de vérification des réclamations.

Dans les autres communes, la vérification se fera en deux fois :

1° Pendant la tournée générale des mutations;

2° Dans une tournée complémentaire. Cette deuxième tournée sera consacrée à l'examen de toutes les réclamations qui, pour une cause quelconque, n'auraient pu être instruites au cours de la tournée de mutations, notamment celles qui sont très complexes ou qui soulèveraient des questions exceptionnellement difficiles.

Si toutefois, dans une commune atteinte par une augmentation sensible de l'impôt, la distribution des avertissements avait soulevé quelque émotion parmi les contribuables, et que la municipalité demandât à ce qu'il fût procédé à bref délai à l'examen des réclamations déjà présentées, il devrait être fait droit à cette demande (Circ. 27 janvier 1891).

Instruction des réclamations. L'instruction des réclamations ne devra pas, en principe, aux termes de la circulaire précitée, avoir lieu par voie d'états collectifs. Chacune d'elle doit faire l'objet d'un examen séparé.

A la suite de la vérification de chaque réclamation, l'avis du maire et des répartiteurs sera consigné sur la feuille d'instruction, dans la forme ordinaire. Cet avis ne doit pas être écrit de la main du contrôleur (Circ. 27 janvier 1891).

Le maire et les répartiteurs sont tenus de donner leur avis, dans les dix jours de la communication des dossiers, lorsque le contrôleur, qui dans un grand nombre de cas se transporte dans la commune, ne l'obtient pas immédiatement.

L'avis du contrôleur doit faire suite à celui du maire et des répartiteurs, être toujours motivé, et notamment renfermer des justifications spéciales toutes les fois que les conclusions en seront différentes.

Les avis une fois donnés, le dossier est immédiatement envoyé à la Direction.

Le directeur s'assure de la régularité de l'instruction, et formule ses propositions qui doivent contenir le résumé de cette instruction et se terminer par des conclusions basées sur les lois, les règlements et la jurisprudence.

Si le directeur conclut à l'admission pure et simple de la demande, il adresse ensuite immédiatement le dossier au Conseil de préfecture avec son rapport.

Si, au contraire, il conclut au rejet de la demande, il transmet le dossier à la sous-préfecture ou à la préfecture, et invite le réclamant à en prendre communication sur place sans déplacement, et à faire connaître, dans **les dix jours**, s'il veut fournir de nouvelles observations, **ou recourir à la vérification par voie d'experts** (Loi 21 avril 1832, *art.* 19), et, en outre, s'il entend présenter des observations orales, à la séance du Conseil de préfecture, où l'affaire sera portée pour être jugée. Dans ce dernier cas, la partie, ou son mandataire, doit être avertie quatre jours à l'avance du jour de l'audience (Loi 21 avril 1832, *art.* 27).

Si le réclamant n'a pas fourni d'observations, ce qui doit être attesté par le sous-préfet, le directeur adresse aussitôt les pièces à la préfecture.

Si l'expertise est demandée, il renvoie sans délai les pièces au contrôleur pour qu'il soit procédé à cette opération (Arrêté consulaire 24 floréal an VIII, art. 5 et 6).

Il doit être procédé à l'expertise, si l'intention de recourir à ce moyen d'instruction a été, comme on l'a recommandé plus haut, formulée dans la réclamation, alors même que la demande n'en aurait pas été renouvelée pendant le dépôt du dossier (Cons. d'Ét., arrêt 24 mars 1865). Mais le réclamant, mis en demeure de recourir à l'expertise par la communication de l'avis du directeur, n'est plus en droit de la demander quand il a laissé passer le délai de dix jours fixé par la loi (Cons. d'Ét., arrêt 8 février 1865). Toutefois le Conseil de préfecture conserve dans ce cas la faculté de l'ordonner d'office, comme dans tout autre avant faire droit pour arriver à la manifestation de la vérité. (*Notice sur les contributions directes. Paul Dupont* 1884.)

Dès que le contrôleur a reçu le dossier de l'affaire pour laquelle l'expertise est demandée, il s'assure que le réclamant a désigné son expert et il invite le sous-préfet à désigner celui de l'administration.

Choix de l'expert. Le contribuable ne saurait apporter trop de soin dans le choix de son expert. Il doit désigner autant que possible un homme connaissant à fond les valeurs locatives réelles du pays et les rapports de ces valeurs aux anciens revenus cadastraux (1). Ce sont, en effet, des points de repère indispensables à une saine appréciation des nouvelles évaluations.

Fixation du jour de l'expertise. Le contrôleur fixe le jour auquel il se rendra sur les lieux pour procéder à la vérification. Il en prévient, au moins dix jours à l'avance, les deux experts, le réclamant et le maire de la commune ; il fait connaître au réclamant qu'il a la faculté d'assister aux opérations des experts ou de s'y faire représenter par un fondé de pouvoirs, et il invite le maire à faire désigner par les répartiteurs deux d'entre eux pour être présents aussi aux mêmes opérations.

L'expertise a lieu au jour indiqué. Le contrôleur en dresse procès-verbal, qu'il transmet au directeur avec son avis personnel.

---

1. Le revenu cadastral, porté jusqu'en 1890 sur les avertissements, n'était qu'une representation fictive de la valeur réelle, adoptée pour faciliter la répartition du contingent entre les contribuables d'une même commune. Il variait de commune à commune. Cependant il représentait ordinairement le cinquième de la valeur locative.

Le procès-verbal, qui relate les dires et observations des experts, est établi sur papier libre, mais si les experts jugent à propos de rédiger eux mêmes des rapports, *ils doivent les écrire sur papier timbré et les faire enregistrer.* — L'enregistrement est gratis pour les cotes inférieures à cent francs.

S'il y a désaccord entre l'expert de l'administration et celui du réclamant, l'article 5 de la loi du 29 décembre 1884 donne au réclamant comme à l'administration le droit de réclamer une tierce expertise.

Le tiers expert est alors désigné, sur simple requête de la partie la plus diligente et sans frais, par le juge de paix du canton.

Les juges de paix choisissaient souvent comme tiers expert la personne qui leur était désignée par la partie requérante. Une circulaire du garde des sceaux du 3 juillet 1890 signale l'irrégularité d'une semblable désignation absolument contraire à l'esprit de la loi, et invite les juges de paix à désigner comme tiers expert des personnes *absolument indépendantes de l'une comme de l'autre partie.*

Le tiers expert doit déposer son rapport dans la quinzaine de sa nomination ; faute de quoi le Conseil de préfecture pourra refuser de le comprendre dans la liquidation des dépens.

Les frais d'expertise et de tierce expertise sont, comme tous les autres, supportés par la partie qui succombe, suivant l'appréciation du juge, dans les termes des articles 130 et 131 du code de procédure civile (Loi 29 décembre 1834, art. 5).

Les expertises et contre-expertises une fois terminées, la réclamation est soumise au Conseil de préfecture *qui statue en première instance.*

Contre - vérification.

Le Conseil peut, s'il ne se trouve pas suffisamment éclairé par l'instruction, ordonner une contre-vérification, en indiquant les points à éclaircir. La contre-vérification est faite par l'inspecteur ou, à son défaut, par un contrôleur autre que celui qui a procédé à la première instruction. Elle a lieu en présence du réclamant ou de son fondé de pouvoir, du maire et des répartiteurs.

L'agent chargé de la vérification dresse un procès-verbal, dans lequel il mentionne les observations du réclamant et celles du maire et des répartiteurs; le directeur fait un nouveau rapport.

Délai dans lequel les conseils de préfecture doivent statuer.

Les décisions du Conseil de préfecture doivent être rendues pour toutes les réclamations, **dans les trois mois de la date de l'enregistrement de la demande à la préfecture ou sous-préfecture.** Lorsque les réclamations n'ont pas été jugées dans ce délai, la loi donne aux réclamants **le droit de différer le payement des douzièmes, qui viendraient à échoir après son expiration** (Loi 21 avril 1832, article 28).

Opposition.

La voie de l'opposition est aussi ouverte contre les décisions du Conseil de préfecture rendues par défaut; mais, comme en matière administrative celui qui a présenté une demande ou une défense par écrit ne peut plus être considéré comme jugé par défaut, lors même qu'il n'aurait pas comparu à l'audience, il s'ensuit qu'en réalité il ne faut pas compter sur l'opposition, et qu'on doit toujours, en cas de rejet de la réclamation, former un recours au Conseil d'Etat.

Les contribuables peüvent se pourvoir devant le Conseil d'État contre les décisions du Conseil de préfecture. *Le recours ne peut s'exercer que dans le délai de deux mois à dater du jour où la décision a été notifiée*, et la requête doit être formée sur papier timbré, *s'il s'agit d'une cote de 30 francs et au-dessus*, et doit être accompagnée de la lettre d'avis de la décision attaquée. Ce recours est dispensé du ministère d'avocat.

Les frais de timbre sont remboursés quand la réclamation est fondée (art. 42, loi de finances de 1897).

Les pourvois sont transmis sans frais au président du Conseil d'Etat par l'intermédiaire du Préfet.

Indépendamment des réclamations individuelles dont il vient d'être parlé, le paragraphe 2 de l'article 8 de la loi du 8 août 1890 donne au conseil municipal, lorsqu'il se produit dans l'intervalle de deux revisions décennales une dépréciation générale des propriétés bàties, soit de l'intégralité, soit d'une fraction notable de leur commune, le droit de demander qu'il soit procédé à une nouvelle évaluation des propriétés bàties de l'ensemble de la commune, à la charge par celle-ci de supporter les frais de l'opération. Les évaluations ainsi établies seront néanmoins renouvelées à l'expiration de la période décennale en cours.

Dans un autre ordre d'idées, il importe aussi que les contribuables ne perdent pas de vue que, pour profiter du bénéfice de l'article 9 de la loi du 8 août 1890, qui ne soumet les constructions nouvelles, reconstructions et additions de construction à la contribution foncière que la troisième année après leur achèvement, le propriétaire devra faire, à la mairie de la commune où sera élevé le bâtiment passible de la contribution, *dans les quatre mois à partir de l'ouverture des travaux*; une déclaration indiquant la nature du bâtiment, sa destination et la désignation, d'après les documents cadastraux, du terrain sur lequel il doit être construit.

Sont considérées comme constructions nouvelles la conversion d'un bâtiment rural en maison ou en usine et l'affectation de terrains à des usages commerciaux ou industriels, dans les conditions indiquées à l'article 1er de la loi du 29 décembre 1884.

La sanction du défaut de déclaration est, d'une part, dans l'imposition par rôle particulier, à partir du 1er janvier de l'année qui suivra celle de l'achèvement des constructions; d'autre part, dans la multiplication des cotisations y afférentes par le nombre d'années écoulées entre celle où les constructions nouvelles, reconstructions et additions auront été achevées et celles où elles auront été découvertes, y compris cette dernière année, sans toutefois pouvoir être plus que quintuplées.

Centimes addi- La loi nouvelle modifiant sensiblement le principal de la contribution foncière aurait pu, si on avait pris ce nouveau principal pour base du calcul des centimes additionnels départementaux et communaux, déterminer dans le calcul de ces centimes des fluctuations de nature à compromettre l'équilibre des budgets locaux.

Aussi, l'article 26 de la loi du 8 août 1890 a pris soin de stipuler expressément que, jusqu'à nouvel ordre, pour le calcul du produit de ces centimes départementaux et communaux, en ce qui concerne la contribution foncière (propriétés bâties et propriétés non bâties) on prendra pour base le montant du principal inscrit aux rôles de 1890, en tenant compte seulement des mouvements de la matière imposable, c'est-à-dire des démolitions et reconstructions, etc.

La part du produit total afférente à ce dernier principal sera répartie entre les contribuables en raison du principal de leurs cotisations individuelles, telles qu'elles auront été réglées en vertu de la loi du 8 août 1890. Ainsi le contingent des centimes en lui-même ne pourra être affecté, jusqu'à nouvel ordre, ni par le dégrèvement de la propriété non bâtie, ni par les augmentations ou réductions résultant de l'application des nouvelles évaluations, mais les contribuables verront le produit de ces centimes sur la contribution foncière de la propriété bâtie s'accroître en raison directe de l'augmentation de la valeur locative qui aura été reconnue à leur immeuble. C'est une raison de plus pour eux de réclamer dans les six mois de la publication des rôles de 1901.

Résumé des devoirs des Contribuables.

1º Au moment de la tournée du contrôleur, lui présenter, tout acte, titre, ou observation de nature, à l'éclairer sur la valeur de l'immeuble et prévenir une évaluation exagérée.

2º A la réception de l'avertissement.

3º Dans les six mois de la publication du rôle de 1901.

4º Tournées du contrôleur pour la vérification des réclamations.

Les évaluations étant réputées immuables pour dix ans c'est-à-dire jusqu'en 1910 et le coefficient de l'impôt pouvant être augmenté chaque année par la loi budgtaire, il est essentiel, aussitôt son avertissement reçu, d'examiner avec soin la valeur locative attribuée à son immeuble, suivant les indications de la page 10 et suivantes, et de la comparer à la valeur des baux et à celles des autres immeubles similaires situés tant sur le territoire de la commune qu'à l'extérieur.

Avoir soin de former, dans ce délai de six mois, une réclamation adressée au préfet ou au sous-préfet, sur timbre si la cote est de 30 fr. et au dessus. *Cette réclamation, même si elle échoue, ne peut en aucun cas avoir pour effet de faire augmenter les évaluations portées au rôle.* — Y joindre la quittance des termes échus et la feuille d'avertissement, ou à défaut, un extrait du rôle. Réclamer dans le corps même de la requête une expertise. (Voir le modèle Appendice) et se faire délivrer un reçu de la demande.

S'informer à la mairie de la date exacte de la tournée. Profiter du passage du contrôleur pour lui demander, quand l'immeuble a été évalué par voie de comparaison, communication des types ayant servi à l'évaluation. Le contrôleur ne peut guère refuser cette communication, car l'Administration recommande à ses agents, par la circulaire du 27 janvier 1891, de fournir toutes les explications qui leur seraient demandées par les contribuables.

Ce dépôt doit durer dix jours (art. 29 loi 21 avril 1832). Aussitôt la réception de l'avis de dépôt, se rendre à la sous-préfecture pour prendre communication de l'avis du maire, des répartiteurs, du contrôleur et du directeur. C'est. alors qu'on peut se faire donner communication des types, si on ne l'a pas obtenue plus tôt.—Faire connaître dans les dix jours de la réception de l avis si l'on réclame l'expertise, dans le cas où elle n'aurait pas été demandée par la requête elle-même (art. 29 loi 21 avril 1832). — Déclarer en outre si l'on entend présenter ou faire présenter des observations à l'audience.

S'occuper du choix d'un expert; le prendre de préférence parmi des gens connaissant à fond les valeurs locatives du pays et le rapport des anciens revenus cadastraux à ces valeurs. Arrêter avec lui des points de comparaison pour constater les types adoptés par le contrôleur.

Assister à l'expertise, y faire entendre ses observations s'il y a lieu.

En cas de désaccord entre les experts, saisir immédiatement le juge de paix d'une demande de désignation d'un tiers expert, qui devra faire son rapport dans la quinzaine (art. 5 loi du 29 décembre 1884).

Si l'on a demandé à présenter des observations, on doit être averti quatre jours à l'avance du jour de l'audience.

Se présenter ou faire représenter à l'audience, au jour fixé, et y faire entendre ses observations.

On peut encore olors faire valoir la nécessité d'un supplément d'information. Si le conseil ne se trouve pas suffisamment éclairé, il peut ordonner une contre-vérification.

Le conseil doit statuer, dans les trois mois du jour de la demande. — *A défaut par lui de le faire, le contribuable est fondé à différer le payement des douzièmes qui viendraient à échoir depuis l'expiration du délai de trois mois* (Loi 21 avril 1832, art. 28).

Le contribuable *a deux mois* à partir de la notification du rejet de sa demande pour se pourvoir au conseil d'Etat contre la décision du conseil de préfecture. La requête en recours peut être écrite sur papier libre pour les cotes inférieures à 30 fr.; elle doit être sur timbre, si la cote est de 30 fr. et au-dessus.

Elle est dispensée du ministère d'avocat.

Les frais de timbre sont remboursés en cas d'admission de la réclamation (article 42 de la loi de finances de 1897).

Contribuables syndiquez-vous !

Nous venons d'indiquer aux contribuables les moyens de se défendre.

Mais, pour faire valoir ces moyens de défense, les contribuables isolés dans les campagnes sont bien faibles contre le fisc si puissamment armé.

Heureusement la loi du 21 mars 1884, sur les syndicats, leur fournit la possibilité de se grouper en vue d'une action commune. Il est en effet de jurisprudence aujourd'hui que le bénéfice de cette loi s'étend non seulement aux ouvriers et industriels mais aux propriétaires ruraux et aux propriétaires urbains.

Déjà, il existe dans les grandes villes de nombreux syndicats de propriétaires de maisons.

Contribuables ruraux SOUVENEZ-VOUS QUE L'UNION FAIT LA FORCE.

Qu'il n'existe en réalité de droits aujourd'hui que ceux que l'on sait revendiquer hautement.

Imitez les ouvriers et les agriculteurs, constituez dans chaque commune de petits syndicats de propriétaires de maisons rurales, formez par canton et arrondissement des unions de ces syndicats, et vous arriverez sûrement par ce moyen à obliger l'Administration à compter avec vous et à respecter vos droits.

ANNEXES

N° 1. MODÈLE DE RÉCLAMATION DEVANT LE CONSEIL DE PRÉFECTURE.

A Monsieur le Préfet et à Messieurs les membres du Conseil de Préfecture du département de...

Le soussigné (*nom, prénoms, profession et domicile*) a l'honneur d'exposer qu'il a été imposé au rôle de la contribution foncière des propriétés bâties pour 1901, de la commune de....., sur un revenu net de....., que ce revenu net est évidemment exagéré.

L'exposant demande donc la réduction de la valeur locative sur laquelle il est imposé à ladite contribution.

Et, dans le cas où l'administration des contributions directes contesterait sa demande, il conclut subsidiairement à ce qu'il soit procédé à une expertise.

A la présente demande sont joints :

1° L'avertissement (*ou*) l'extrait de rôle délivré par le percepteur ;

2° La quittance des douzièmes échus jusqu'à ce jour;

Fait à... le...

Signature.

Pour les cotes de 30 fr. et au-dessus, la réclamation doit être sur timbre.

N° 2. Autre modèle de Réclamation devant le Conseil de Préfecture.

A Monsieur le Préfet et à Messieurs les membres du Conseil de Préfecture du département de.....

Le soussigné, (*nom, prénoms, profession et domicile*) a l'honneur d'exposer qu'il a été imposé au rôle de la contribution foncière des propriétés bâties pour 1901. de la commune de..... sur un revenu net de..... qui, vu la déduction d'un quart (*s'il s'agit de maisons*) *ou* d'un tiers (*s'il s'agit d'usines*), représente une valeur locative réelle de.....

Que cette valeur locative est exagérée puisqu'il appert d'un bail enregistré en date du..... que cet immeuble n'est effectivement loué (*indiquer le prix porté au bail.*

(*Ou si le bail s'étend à d'autres objets que la propriété bâtie (meubles, terres, parcs, jardins, bâtiments ruraux, etc.)*)

Que cette valeur locative est exagérée parce que, bien qu'elle soit la même que celle portée au bail, enregistré en date du..., cette dernière s'appliquant aussi aux objets étrangers à la propriété, il y a lieu de faire la ventilation de la valeur de ces objets pour la déduire de la valeur locative servant de base à l'établissement de la taxe, qui ne doit être calculée que sur la valeur de l'immeuble seul, non garni de meubles (*ou sans tenir* compte de celle des jardins, parcs et bâtiments ruraux qui sont l'objet d'un mode spécial de cotisation.)

(*Ou s'il n'y a pas de bail.*)

Que l'évaluation donnée à cette valeur locative est exagérée ainsi que le démontrera l'expertise; que notamment l'immeuble en question n'a pas une valeur locative supérieure à celle des immeubles de MM..... (*indiquer ici avec détail les points de comparaison choisis et leur situation respective*) qui sont absolument du même type et qui ne sont cotisés que sur une valeur locative de.....; que, par suite, c'est à tort que l'immeuble, objet de la réclamation, a été classé dans un type différent et imposé sur une valeur locative supérieure auxdits immeubles.

(*S'il y a lieu à ventilation, la réclamer dans les mêmes termes qu'au paragraphe précédent.*)

Par ces motifs, l'exposant demande la réduction de la valeur locative, sur laquelle il est imposé à la contribution foncière de la propriété bâtie au chiffre de.....

Et dans le cas où l'Administration des contributions directes contesterait la recevabilité de sa demande il conclut subsidiairement à ce qu'il soit procédé à une expertise...

A la présente demande sont joints : 1° l'avertissement (*ou l'extrait de rôle délivré par le percepteur*); 2° la quittance des douzièmes échus jusqu'à ce jour; 3° les pièces justificatives qu'on croira devoir ajouter au dossier (*les énumérer*).

Fait à... le...

Signature.

N° 3. Modèle de recours au Conseil d'État.

Le soussigné (*noms, prénoms, profession*) demeurant à... a l'honneur de déférer à la justice du Conseil d'État, statuant au contentieux, un arrêté rendu par le Conseil de Préfecture de... le... qui a rejeté la réclamation formée par lui, dans les délais fixés par l'article 7 de la loi du 8 août 1890, pour obtenir la réduction de la valeur locative sur laquelle il est imposé sous l'article... du rôle de la contribution foncière de la propriété bâtie de la commune de... pour l'année 190... par les motifs suivants.

(Reproduire les motifs allégués par le Conseil de Préfecture dans son arrêté.)

Le requérant fonde sa demande en annulation sur les considérations suivantes. *(Les déduire sommairement mais avec précision.)*

Par ces motifs le requérant conclut à ce qu'il plaise au Conseil d'Etat prononcer l'annulation de l'arrêté attaqué et ordonner la réduction de la valeur locative sur laquelle il est imposé à la somme de...

A la présente requête sont joint : 1° une expédition de l'arrêté du Conseil de Préfecture; 2° l'extrait du rôle; 3° la quittance des termes échus.

N° 4. — DEMANDE D'EXPERTISE A FORMER DANS LES DIX PREMIERS JOURS DU DÉPÔT, QUAND CETTE DEMANDE N'A PAS ÉTÉ FORMULÉE DANS LA RÉCLAMATION ELLE-MÊME.

A Monsieur le Sous-Préfet de l'arrondissement de...

Le soussigné... demeurant à... a l'honneur d'exposer qu'après avoir pris connaissance du dossier relatif à la réclamation qu'il a formulée au sujet de... il persiste dans sa demande qu'il croit fondée puisque... *(déduire sommairement les motifs)*. Il conclut en conséquence à ce qu'il soit procédé à une expertise, et il choisit à cet effet pour son expert M...

A... le...

Signature.

Extrait de la Loi du 8 août 1890.

Art. 4. — A partir du 1er janvier 1891, il ne sera plus assigné de contingents aux départements, arrondissements et communes en matière de contribution foncière des propriétés bâties.

Art. 5. — La contribution foncière des propriétés bâties sera, à partir de la même date, réglée en raison de la valeur locative de ces propriétés telle qu'elle a été établie conformément à l'article 34 de la loi du 8 août 1885, sous déduction d'un quart pour les maisons et d'un tiers pour les usines, en considération du dépérissement et des frais d'entretien et de réparation.

Le bénéfice des dispositions de l'article 85 de la loi du 3 frimaire an VII est éteudu aux bâtiments qui servent à loger, indépendamment des bestiaux des fermes et métairies, le gardien de ces bestiaux.

Art. 6. — Le taux de la contribution foncière des propriétés bâties est fixé en principal, pour 1891, à 3,20 0/0 de la valeur locative établie comme il est dit à l'article précédent et après les déductious spécifiées audit article.

Le taux ci-dessus ne sera appliqué que pour moitié dans le département de la Corse, pendant cinq ans à partir du 1er janvier 1891.

Art. 7. — Tout propriétaire de propriété bâtie est admis à réclamer contre l'évaluation attribuée à son immeuble, pendant les six mois à dater de la publication du premier rôle dans lequel cet immeuble aura été imposé, et pendant trois mois à partir de la publication du rôle suivant.

En ce qui concerne les rôles subséquents, les propriétaires sont admis à réclamer, pendant les trois mois de la publication de chaque rôle, lorsque, par suite de circonstances exceptionnelles, leur immeuble aura subi une dépréciation.

En dehors des cas prévus aux deux paragraphes précédents, aucune demande en décharge ou en réduction ne sera recevable, sauf dans le cas où l'immeuble serait, en tout ou en partie, détruit ou converti en bâtiment rural.

Les réclamations sont présentées, instruites et jugées selon les règles suivies en matière de contributions directes.

Art. 8. — Les évaluations servant de base à la contribution foncière des propriétés bâties seront revisées tous les dix ans.

Toutefois, si, par suite de circonstances exceptionnelles, il se produit, dans l'intervalle de deux revisions décennales, une dépréciation générale des propriétés bâties, soit de l'intégralité, soit d'une fraction notable d'une commune, le Conseil municipal aura le droit de demander qu'il soit procédé à une nouvelle évaluation des propriétés bâties de l'ensemble de la commune, à la charge pour celle-ci de supporter les frais de l'opération.

Les évaluations ainsi établies seront néanmoins renouvelées à l'expiration de la période décennale en cours.

Art. 9. — Les constructions nouvelles, les reconstructions et les additions de construction seront imposées par comparaison avec les autres propriétés bâties de la commune où elles seront situées.

Elles ne seront soumises à la contribution foncière que la troisième année après leur achèvement.

Pour jouir de l'exemption temporaire spécifiée au deuxième paragraphe du présent article, le propriétaire devra faire, à la mairie de la commune où sera élevé le bâtiment passible de la contribution, et dans les quatre mois à partir de l'ouverture des travaux, une déclaration indiquant la nature du bâtiment, sa destination et la désignation, d'après les documents cadastraux, du terrain sur lequel il doit être construit.

Sont considérées comme constructions noùvelles, la conversion d'un bâtiment rural en maison ou en usine et l'affectation de terrains à des usages commerciaux ou industriels dans les conditions indiquées à l'article 1er de la loi du 29 décembre 1884.

Art. 10. — Les constructions nouvelles, les reconstructions et les additions de construction, non déclarées ou déclarées après l'expiration du délai fixé par l'article précédent, seront soumises à la contribution foncière à partir du 1er janvier de l'année qui suivra celle de leur achèvement.

Elles seront imposées au moyon de rôles particuliers, tant à la contribution foncière qu'à celle des portes et fenêtres, jusqu'à ce qu'elles aient été comprises dans les rôles généraux.

Leurs cotisations, tant en principal qu'en centimes additionnels, seront égales à celles que supporteront pour l'année en cours les immeubles de même nature et de même importance ; mais elles seront multipliées par le nombre d'années écoulées entre celle où les constructions nouvelles, les reconstructions et les additions de construction auront été achevées et celle où elles auront été découvertes, y compris cette dernière année, sans toutefois pouvoir être plus que quintuplées.

Elles viendront en accroissement des contingents des contributions personnelle-mobilière et des portes et fenêtres. Toutefois, le contingent de la contribution personnelle-mobilière ne sera augmenté qu'à partir de l'année où lesdites constructions, reconstructions et additions de construction seront comprises aux rôles généraux, sous réserve, lorsqu'il y aura lieu, des dispositions de l'article 2 de la loi du 4 août 1844.

Art. 11. — Le contrôleur des contributions directes,

assisté du maire et des répartiteurs, assurera l'exécution des deux articles qui précèdent.

Art. 12. — Il continuera d'être perçu, par addition au principal de la contribution foncière des propriétés bâties, un centime par franc, dont le produit sera affecté aux secours généraux et distribué entre les départements dans les cas d'incendie, inondation ou autres événements fortuits.

Art. 13. — Sont et demeurent abrogées toutes les dispositions contraires à celles des articles 4 à 12 de la présente loi.

Art. 14. — . . . .

Art. 26. — Pour le calcul du produit total des centimes départementaux et communaux à imposer dans les rôles de chaque année, en ce qui concerne la contribution foncière (propriétés bâties et propriétés non bâties), on prendra pour base le montant du principal inscrit aux rôles de 1890, en tenant compte toutefois des mouvements de la matière imposable. La part du produit total afférente à ce dernier principal sera répartie entre les contribuables en raison du principal de leurs cotisations individuelles, telles qu'elles auront été réglées en vertu de la présente loi.

Il sera ainsi procédé jusqu'à ce qu'il en soit autrement ordonné par une disposition législative spéciale.

Art. 27. — Le fonds de non-valeurs de la contribution foncière des propriétés bâties et des propriétés non bâties est fixé pour 1891, savoir :

Pour la contribution foncière des propriétés bâties à cinq centimes par franc additionnels :

1° Au principal de cette contribution ;

2° Au produit des huit centimes douze centièmes additionnels à ladite contribution, perçus pour les dépenses de l'instruction primaire en vertu de l'article 27 de la loi du 19 juillet 1889 ;

Au produit des centimes additionnels départementaux et communaux afférents à la même contribution.

En cas d'insuffisance du fonds de non-valeurs de la contribution foncière des propriétés bâties, le déficit est prélevé sur le principal de la même contribution.

Pour la contribution foncière des propriétés non bâties, à deux centimes et demi par francs additionnels :

1° Au principal de la contribution ;

2° Au produit des huit centimes douze centièmes additionnels à ladite contribution, perçus pour les dépenses de l'instruction primaire en vertu de l'article 27 de la loi du 19 juillet 1889 ;

3° Au produit des centimes additionnels départementaux et communaux afférents à la même contribution.

EXTRAIT DE LA LOI DE FINANCES DU 21 JUILLET 1887.

Art. 2. — Tout contribuable qui se croira imposé à tort ou surtaxé, soit dans les rôles généraux des quatre contributions directes, soit dans ceux de la taxe des prestations en nature, pourra en faire la déclaration à la mairie du lieu de l'imposition, dans le mois qui suivra la publication desdits rôles.

Cette déclaration sera reçue sans frais, ni formalité sur un registre tenu à la mairie ; elle sera signée par le réclamant ou son mandataire.

Celles de ces déclarations qui, après un examen sommaire, auront pu être reconnues immédiatement fondées, seront analysées par les agents des contributions directes sur un état qui sera revêtu de l'avis du maire ou des répartiteurs, suivant le cas, ainsi que de celui du contrôleur et du directeur.

Le Conseil de préfecture prononcera les dégrèvements ; il s'abstiendra toutefois de statuer sur les cotes, ou portions de cote qui lui auraient paru devoir être maintenues au rôle.

Les contribuables dont les déclarations n'auraient pas été maintenues sur l'état dont il s'agit, et ceux sur la cote desquels le Conseil de préfecture n'aurait pas eu à statuer, en seront avisés, et ils auront la faculté de présenter des demandes en dégrèvement, dans les formes ordinaires, dans un délai d'un mois à partir de la date de la notification, sans préjudice des délais fixés par les lois du 21 avril 1832, art. 28, et du 29 décembre 1884, art. 4.

Art. 3. — Les cotes ou portions de cote qui seront reconnues former double emploi ou avoir été mal établies, par suite d'erreur matérielle d'écriture ou de taxation, pourront, en tout temps, être inscrites, par le Directeur des contributions directes, sur des états particuliers de cote indûment imposées et être soumises au Conseil de préfecture pour qu'il en prononce le dégrèvement.

PARIS. — IMP. P. MOUILLOT, 13, QUAI VOLTAIRE. — 91055.